Arena-Ta
Band

Von Isabel Abedi und Dagmar Henze ist als Arena-Taschenbuch bereits erschienen:
»Das 99. Schaf« (Band 2914)

Isabel Abedi,
geboren 1967, ist eine der erfolgreichsten Kinder- und Jugendbuchschriftstellerinnen Deutschlands. Ihre Bücher wurden in zahlreiche Sprachen übersetzt und mehrfach mit Preisen ausgezeichnet.

Dagmar Henze,
geboren 1970 in Stade, studierte an der Fachhochschule für Gestaltung in Hamburg mit dem Schwerpunkt Kinderbuchillustration. Seit 1996 arbeitet sie freiberuflich für verschiedene Verlage.

Isabel Abedi und Dagmar Henze leben beide mit ihren Familien in Hamburg und haben sich bei der Entstehung ihres gemeinsamen Bilderbuches »Das 99. Schaf« kennengelernt. Seitdem haben sie viele weitere liebenswerte Bilderbuchfiguren gemeinsam geschaffen, die in diesem Vorlesebuch zum ersten Mal versammelt sind.

Ich find dich einfach wunderbar!

Vorlesegeschichten von Pechbären, Wut-stieren und Krachdrachen

Erzählt von Isabel Abedi

Mit Bildern von Dagmar Henze

Dieser Sammelband enthält die Titel:

Glück gehabt, Pechbär!

Torro sieht rot

Lisa und der Krachdrache

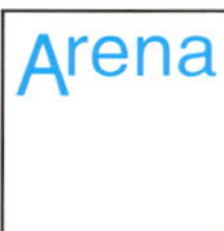

3. Auflage als Arena-Taschenbuch 2010
Lizenzausgabe

Erstmals erschienen im Verlag Heinrich Ellermann GmbH, Hamburg 2003 und 2004
Umschlagillustration: Dagmar Henze
Umschlagtypografie: knaus. büro für konzeptionelle und visuelle identitäten, Würzburg
Gesamtherstellung: Westermann Druck Zwickau GmbH
ISSN 0518-4002
ISBN 978-3-401-50084-3

www.arena-verlag.de
Auch als Hörbuch erhältlich

Glück gehabt, Pechbär!

Tristan, 1 1/2 Jahre alt

Tristan, 4 Jahre alt

Jeder hat mal Pech. Aber Tristan, der Bär, hatte sein ganzes Leben lang Pech gehabt.
Was er auch anfing, nichts war ihm wirklich geglückt.
Nicht einmal Freunde hatte er gefunden.

Tristan, 9 Jahre alt

Mit der Zeit hatte Tristan sich daran gewöhnt, kein Glück zu haben. »Du bischscht eben ein alter Peschbär«, sagte er eines Abends beim Zähneputzen zu seinem Spiegelbild. »Aber zschum Glück hascht du wenigschtensch ein ruhigesch Leben.«

Doch dann kam eine Woche, in der Tristan geradezu vom Pech verfolgt wurde.

Es begann am Montag. Tristan stand auf und sah aus dem Fenster. Die Sonne schien und der Himmel war so blau, wie das Blau in einem Wasserfarbkasten. Tristan beschloss, spazieren zu gehen.

Während Tristan im Fahrstuhl nach unten fuhr, hatte sich über seinem Haus eine pechschwarze Wolke gebildet. Als er aus der Haustür trat, prasselte der Regen auf ihn nieder. Tristan war sofort bis auf das Fell durchnässt. Seufzend ging er zurück in seine Wohnung. »Zum Glück ist es nicht passiert, als ich unterwegs war«, sagte er zu sich.

Am Dienstag zog Tristan seinen Lieblingsanzug an
und ging auf den Markt.
Er brauchte Brot und Butter und Milch und Mehl
und Äpfel und Eier und Fisch. Und einen Topf mit Honig.
Vor jedem Stand, an dem Tristan etwas kaufen wollte,
wartete eine lange Schlange. Es dauerte Stunden, bis Tristan
seine Einkäufe erledigt hatte. Dann setzte er den schweren Korb
auf seine Schultern und machte sich auf den Heimweg.

Außer Betrieb!
Vogel

In Tristans Hausflur hing ein Schild an der Fahrstuhltür. »Außer Betrieb«, las Tristan. Heute Morgen hatte der Fahrstuhl noch funktioniert. Tristan wohnte im siebzehnten Stock und machte sich ächzend auf den Weg. In jeder Etage musste er anhalten und verschnaufen. Die Treppen waren frisch gebohnert und auf der obersten Treppenstufe lag noch ein Stück Schmierseife. Darauf rutschte Tristan aus. Der Korb glitt ihm aus den Händen und purzelte nach unten. Tristan fiel mit lautem Gepolter hinterher.

KEVIN

»Ruhe da oben!«, schimpften die Nachbarn. Ein kleiner Frechdachs steckte den Kopf aus der Wohnungstür und kicherte. Tristan sah an sich herunter. Er saß in einer klebrigen Brot-Butter-Milch-Mehl-Apfel-Eier-Fisch-Honig-Pampe. »Zum Glück bin wenigstens ich heil geblieben«, seufzte er, nachdem er sich aufgerappelt hatte. Den Rest des Tages verbrachte Tristan damit, das Treppenhaus sauber zu machen und seinen Anzug zur Reinigung zu bringen. Einen anderen hatte er nämlich nicht.

Am Mittwoch hatte Tristan einen Arzttermin. Seit einiger Zeit juckte sein Fell und immer nach dem Essen kratzte es fürchterlich in seinem Hals.

»Sie haben eine Honig-Allergie«, erklärte die Ärztin, nachdem sie Tristan untersucht hatte. Sie rieb sein Fell mit einer stinkenden Salbe ein und verordnete ihm einen bitteren Tee gegen das Kratzen im Hals. »Und Honig ist ab sofort verboten!«, sagte sie streng. Tristan nickte. »Zum Glück ist der Honigtopf gestern sowieso kaputtgegangen«, sagte er.

Praxis
Dr. Lang

KEINE GARANTIE FÜR GAR NICHTS!
Nur mit Vorkasse!

Am Donnerstag ging Tristan zur Reinigung,
um seinen Anzug abzuholen.
»Er ist leider ein wenig eingelaufen«, sagte die Frau,
als sie mit dem Anzug wiederkam. »Wir haben ihn versehentlich
zu heiß gewaschen.«
Tristan zuckte mit den Achseln. »Zum Glück sind wenigstens
die Flecken rausgegangen«, sagte er.

Am Freitag war Straßenfest. Tristan kaufte sich einen großen Luftballon. Tristan liebte Luftballons. Er setzte sich auf eine Bank und sah zu, wie der Ballon im Wind hin- und herschaukelte.
»Ich werde ihn über meinem Bett aufhängen«, überlegte Tristan.
Gerade als er den Gedanken zu Ende gedacht hatte, machte es KNALL PENG und eine zu Tode erschrockene Biene schwirrte in die Luft.
Sie hatte den Ballon für ein gefährliches Tier gehalten.

Tristan hob die Gummifetzen auf und warf sie in den Müll.

» Zum Glück hat die Biene nicht mich gestochen«, dachte er.

Am Samstag blieb Tristan den ganzen Tag im Bett.
»Hier kann mir wenigstens nichts passieren«, sagte er zu sich.
In diesem Moment machte es KAWUMM und KLIRR.
Tristans großer Wandspiegel lag, in tausend Scherben zersprungen, am Boden.
Der Nagel, an dem der Spiegel gehangen hatte, war schon eine ganze Weile locker gewesen, aber Tristan hatte es nicht bemerkt.
Seufzend stand er auf. »Zum Glück bin ich nicht abergläubisch«, dachte er, während er die Scherben aufsammelte.
Denn seine Mutter hatte immer gesagt, ein zerbrochener Spiegel bringe sieben Jahre Unglück.

Am Sonntag ging Tristan zum Bäcker, um sich frische Brötchen und die Sonntagszeitung zu kaufen. Auf dem Rückweg war er ganz in einen interessanten Artikel auf der Titelseite vertieft. Dadurch sah er den Kanalschacht nicht, den die Arbeiter versehentlich offen gelassen hatten.

Tristan trat in die Öffnung, sauste nach unten und landete mit einem lauten Plumps in einer riesigen Pfütze.

Das war zu viel für Tristan. »SO EIN PECH«, schrie er, »warum habe ich nur immer so ein furchtbar schreckliches Pech!!!«
Eine Weile war es ganz still. Dann ertönte direkt neben seinem Ohr eine sanfte Stimme. »Da bist du nicht der Einzige.«
Verwundert sah Tristan sich um. Aus dem Halbdunkel blickten ihn zwei Augen an. Sie gehörten einer Bärin und leuchteten wie Sterne.
»Ich hatte sogar noch mehr Pech als du«, sagte die Bärin, »weil ich mir beim Sturz den Knöchel verstaucht habe. Schon seit Stunden warte ich hier unten auf Hilfe.« Die Bärin lächelte Tristan an. »Aber jetzt habe ich ja Glück gehabt.«
Tristan wurde rot bis über beide Ohren. »Ich heiße Tristan«, sagte er leise.
Die Bärin wischte ihm zärtlich einen braunen Klecks von der Nasenspitze.
»Ich bin Isolde«, sagte sie. »Hilfst du mir nach oben?« Tristan nickte, er konnte den Blick nicht von der Bärin abwenden.

»Was für ein Glück«, dachte er, während er Isolde die Leiter hinaufhalf, »dass ich ein solcher Pechbär war.«

Torro sieht rot

Es ist noch längst nicht Zeit zum Mittagessen, als Torro, der kleine Stier, mit gesenktem Kopf nach Hause trottet. Seine Freunde stehen hinter dem Zaun, da, wo das große Feld beginnt. Alle sind sie über den Zaun gesprungen. Nur Torro hat sich nicht getraut.

»Probier's doch noch mal!«, ruft Tom.

»Gib nicht auf!«, brüllt Toni.

»Du schaffst das schon!«, schreit Trine.

Aber Torro dreht sich nicht mal um.
Er hat es vorgestern nicht geschafft.
Er hat es gestern nicht geschafft.
Wieso sollte er es ausgerechnet heute schaffen?

»Was machst du denn schon hier?«, wundert sich Torros Mama, die in der Küche Apfelpfannkuchen backt. »Ich dachte, du spielst mit deinen Freunden.«

Torro zuckt mit den Schultern und lässt den Kopf noch tiefer hängen. Dabei fällt sein Blick auf die leeren Apfelkisten und er hat eine Idee. »Kann ich die Kisten haben, Mama?«

Hinterm Haus baut sich Torro aus den Apfelkisten einen Zaun. Hier kann er wenigstens in Ruhe springen üben. Er will nicht, dass seine Freunde ihn dabei sehen. Niemand soll ihn sehen, wenn er übt. Nach allen Seiten schaut der kleine Stier sich um. Guckt auch wirklich keiner zu?

Doch. Zwei kleine Tiere hat Torro übersehen.
»Quak-quak-quak«, lacht der Frosch, als Torro beim ersten Springversuch die oberste Apfelkiste herunterreißt.
»Gack-gack-gack«, kichert das Huhn,
als Torro beim zweiten Versuch stolpert und hinfällt.
»Da lachen ja die Hühner.«

Torro schnaubt und rammt wütend gegen die Kisten.
Eine bleibt dabei auf seinen Hörnern stecken.
»Quak-quak-quak!«
»Gack-gack-gack!«
Der Frosch hält sich den Bauch und das Huhn kugelt sich vor Lachen auf dem Boden. Torro stampft mit dem Huf auf.
»Haut ab, ihr Blödmänner!«, ruft er.

Mama schaut aus dem Fenster. »Torro, Mittagessen!«, ruft sie.
»Den will ich nicht essen«, sagt Torro, als ihm Mama einen dicken Apfelpfannkuchen auf den Teller legt.
»Was ist denn los mit dir?«, fragt Mama ganz lieb.
Da wäre Torro fast auf ihren Schoß geklettert und hätte ihr erzählt, was los ist. Wenn ihm seine Schwester Kuhdrun nicht den Teller weggezogen hätte.
»Dann krieg ich eben zwei Pfannkuchen«, sagt sie.
Torro reißt den Teller zurück. »Kriegst du gar nicht«, schnauzt er.
»Krieg ich wohl!« Kuhdrun zieht den Teller wieder zu sich.
»Du hast selbst gesagt, du willst ihn nicht!«
»Will ich wohl!«, ruft Torro und reißt jetzt so feste an dem Teller, dass der ganze Pfannkuchen auf den Boden platscht.
»Jetzt reicht's mir aber!«, schimpft Mama.
Und als Torro seiner Schwester unter dem Tisch einen kräftigen Tritt mit seinem Huf verpasst, setzt Mama Torro einfach vor die Küchentür.

1

»Ihr seid doch alle doof«, denkt Torro.
»Überhaupt, alles ist doof, der ganze doofe Tag.«
Erst als die größeren Stiere Torro auf dem Fußballfeld hinterm Haus mitspielen lassen, wird es langsam besser. Da ist der doofe Tag schon fast dabei, ein richtig guter Tag zu werden. Torro ist nämlich ein prima Fußballspieler und die Vögel feuern ihn begeistert an: »Torro vor, schieß ein Tor! Torro vor, schieß ein Tor!«
»Das werd' ich auch«, denkt Torro und schnappt dem größten Stier – zack! – den Ball weg. Er läuft im Zickzack um die anderen Stiere herum, stürmt zum Tor, holt aus, um zu schießen. Doch dann rutscht er ab – und fällt hin. Mitten in einen riesengroßen Kuhfladen.
FLATSCH!

Kuhdorf

»Mist«, schimpft Torro auf dem Weg zum Haus. »Mist, Mist, Mist!«
Und Torros Mama schimpft noch lauter: »Wie siehst du denn schon wieder aus? So kommst du mir aber nicht ins Haus! Zieh deine dreckigen Sachen aus und spritz dich draußen mit dem Gartenschlauch ab!«
»Mach ich nicht«, sagt Torro trotzig.
»Dann bleibst du eben draußen«, erwidert Mama und schlägt Torro die Tür vor der Nase zu.

»Stinkstier, Stinkstier«, ruft jemand hinter ihm. Als Torro sich umdreht, steht Kuhdrun da. Sie lacht und lacht. In Torro fängt es leise an zu brodeln.
»Hör auf zu lachen«, warnt er sie gefährlich ruhig.
Aber Kuhdrun hört nicht auf. Im Gegenteil. Sie fängt erst richtig an:

»HA-HA-HA! HU-HU-HU! HÄ-HÄ-HÄ!«

Das Brodeln in Torro wird stärker. Kuhdrun greift nach dem Gartenschlauch.
Und hält ihn auf Torro. Und dreht ihn auf. Und . . . spritzt . . .
Torro . . . nass.
Das hätte Kuhdrun nicht tun sollen. Das nicht.

Denn jetzt sieht Torro **rot.**

Alles ist rot.

Der Gartenschlauch. Kuhdrun. Die Wiese, das Haus, der Himmel.

Die ganze weite Welt. Alles rot.

Mit gesenkten Hörnern rast Torro auf seine Schwester los.

Die Frösche flüchten. Die Hühner halten sich die Augen zu.

Kuhdrun kreischt: »Maaaamaaaa! Hiiiilfe!«

Mama kommt aus dem Haus gelaufen. Sie sieht nur die kreischende Kuhdrun. Aber was Kuhdrun gemacht hat, sieht Mama nicht. Und davon hören will sie auch nichts. Sie packt Torro an den Hörnern und schimpft: »Nun reicht's mir aber wirklich! Dich einfach auf deine kleine Schwester zu stürzen! Jetzt ist es endgültig genug, Torro!«

Mama geht mit Kuhdrun ins Haus zurück.

Und Kuhdrun?

Die streckt Torro im Weggehen ganz heimlich die Zunge raus.

Torro ist jetzt ganz allein. Selbst der Frosch und das Huhn haben sich verkrochen. Aber die Welt ist immer noch rot. Und in Torro ist das Brodeln zu einem wilden Feuer geworden. Es füllt seinen ganzen Körper aus und steigt bis in seinen Kopf hinein. Jetzt hilft nur noch eins.

Torro rennt. Er rennt einfach los, so schnell er kann, so schnell das Feuer ihn treibt.
Vorbei am Hühnerhaus, vorbei am Fußballfeld, vorbei am Teich mit den Fröschen. Und weiter, über die große Wiese hinter den Häusern.
Torro schnaubt und rennt und schnaubt und rennt und schnaubt und schnaubt und rennt und rennt.

und plötzlich . . .

. . . hört Torro ein lautes Klatschen. Da bleibt er stehen.

Sein Herz trommelt. Der Atem jagt durch seine Brust.

Aber das Feuer in ihm hat sich abgekühlt.

Vor Torro stehen seine Freunde und schauen ihn mit großen Augen an.

»Toll!«, staunt Tom.

»Tierisch!«, sagt Toni.

»Du hast es geschafft, Torro!«, schreit Trine.

»Was denn?« Torro schaut seine Freunde an. »Was hab' ich geschafft?«

»Schau dich doch mal um«, grinst Toni.

Da sieht Torro, was er geschafft hat. Er ist über den Zaun gesprungen!

»Wie hast du denn das gemacht?«, fragt Tom.

Torro grinst. Von einem Ohr zum anderen.

»Weiß ich auch nicht«, sagt er.

Aber er weiß, dass es ihm jetzt endlich wieder gut geht.

Stierisch gut!

Lisa und der Krachdrache

Dachgeschoss-
wohnung
zu vermieten
Makler
☎ 1234567

Das Haus in der Veilchengasse 4 war
ein ordentliches Haus.
Hier herrschten Ruhe und Frieden.
So war es immer schon gewesen.

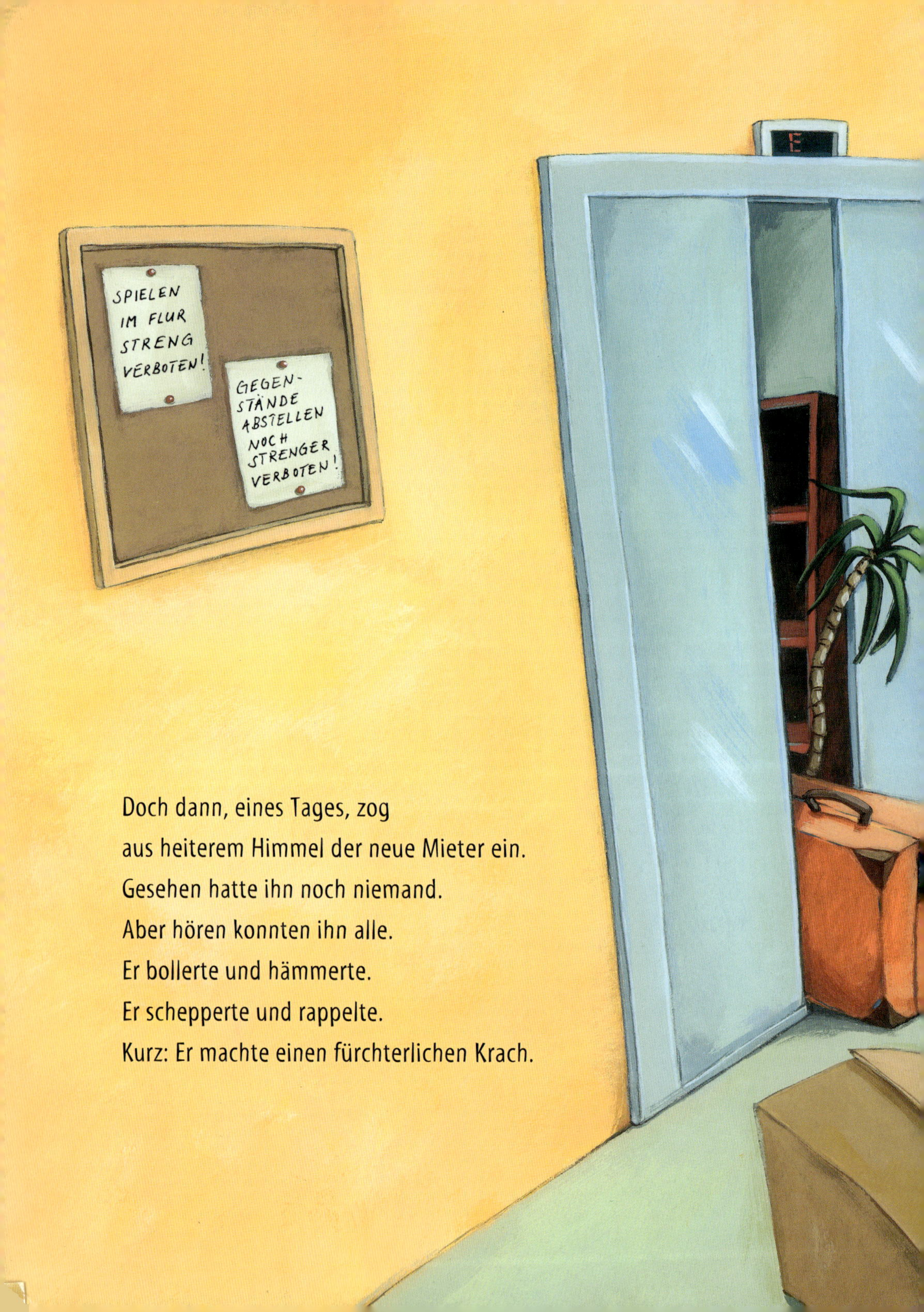

Doch dann, eines Tages, zog
aus heiterem Himmel der neue Mieter ein.
Gesehen hatte ihn noch niemand.
Aber hören konnten ihn alle.
Er bollerte und hämmerte.
Er schepperte und rappelte.
Kurz: Er machte einen fürchterlichen Krach.

UMZUG
leicht gemacht!

»Was sind denn das für Zustände?!«, schrie Frau Meier-Schmidtmüller aus der ersten Etage. Sie stieg auf ihre Leiter und donnerte mit dem Besenstiel gegen die Decke.

Einmal, zweimal, hundertmal. Da bröckelte von Frau Meier-Schmidtmüllers Decke der Putz, mitten in den frisch gekochten Grünkohlauflauf. Und in der Wohnung des neuen Mieters lärmte es weiter.

»So eine Unverschämtheit!«, schimpfte Herr Prieskorn-Prignitz aus der zweiten Etage. Um den Krach des neuen Mieters zu übertönen, drehte er seinen Fernseher auf Höchstlautstärke.
»ICH WÜNSCHE IHNEN EINE GERUHSAME NACHT!«, schrie der Nachrichtensprecher aus dem Fernseher.
Dann waren die Nachrichten zu Ende.
Und der Krach in der Wohnung des neuen Mieters ging weiter.

Futter
WILD

»Dieser Lärm ist einfach unerhört!«, fluchte das Ehepaar Tütendurst aus der dritten Etage. Sie stopften sich siebzehn Kilo Watte in die Ohren. Dadurch wurde der Krach des neuen Mieters abgedämpft.
Aber die Tütendursts konnten sich auch nicht mehr verständigen.
»Wo sind meine Pantoffeln?«, fragte Herr Tütendurst.
»Was für Kartoffeln?«, fragte Frau Tütendurst.
»Was hast du gesagt?«, brüllte Herr Tütendurst.
»Was hast du gefragt?«, brüllte Frau Tütendurst zurück.
Dann zuckten sie beide mit den Schultern und pressten verärgert die Lippen zusammen.
Aus der Wohnung des neuen Mieters schepperte es weiter.

Supersaug 5000

»Das Maß ist voll!«, keifte Herr Reifenseifenstein aus der vierten Etage. »Die Veilchengasse 4 ist ein ruhiges Haus! Und wenn hier jemand das Recht hat, Krach zu machen, bin ich das. Schließlich wohne ich seit siebenundvierzig Jahren hier!«
Mit diesen Worten stellte Herr Reifenseifenstein seinen Staubsauger und die Bohrmaschine an. Dann holte er seine alte Kreissäge aus dem Werkzeugschrank und stellte sie auf »Volle Pulle«.
Vom Krach des neuen Mieters war jetzt nichts mehr zu hören.
Aber von seinem eigenen Lärm bekam Herr Reifenseifenstein Kopfschmerzen und um ein Haar wäre ihm das Trommelfell geplatzt.
Deshalb stellte er alle Geräte wieder aus.
Und aus der Wohnung des neuen Mieters krachte es weiter.

Im Erdgeschoss, in ihrem Bett, lag Lisa Tüpfel.

Es war schon längst Schlafenszeit, aber Lisa konnte nicht schlafen.

In der ersten Etage donnerte ein Besenstiel gegen die Decke.

In der zweiten Etage schrie ein Nachrichtensprecher.

In der dritten Etage brüllten Herr und Frau Tütendurst.

In der vierten Etage lärmten ein Staubsauger, eine Bohrmaschine und eine Kreissäge um die Wette.

Und als all dieser Höllenkrach verstummte, hörte Lisa das Bollern und Hämmern. Das Scheppern und Rappeln. Kurz: den fürchterlichen Krach aus der Wohnung des neuen Mieters.

Da stand Lisa auf.

Sie tapste in den Hausflur und ging bis nach oben in den fünften Stock.
Dort wohnte der neue Mieter.
Seine Wohnungstür stand einen Spalt weit offen und auf der Fußmatte lag ein kleiner roter Knopf.
Lisa tippte ihn mit ihrer Fingerspitze an.
Einen Moment lang überlegte sie, wozu der Knopf wohl gehörte und ob sie ihn einstecken oder besser liegen lassen sollte.

Schließlich hob sie den Knopf auf und schob sich durch den Türspalt in das Innere der Wohnung.
»Hallo?«, fragte Lisa leise. »Ist hier jemand?«
Niemand antwortete.
Aber dass jemand hier war, hörte Lisa natürlich am Krach. Auf leisen Sohlen schlich sie durch den langen dunklen Flur.
Rechts und links gingen Türen ab.
Aber der Krach kam aus dem Zimmer ganz hinten.
Als Lisa eintrat, sah sie . . .

Achtung!
laufende
Experimente!

. . . eine riesige Maschine.
Sie bollerte und hämmerte.
Sie schepperte und rappelte.
Kurz: Sie machte diesen fürchterlichen Krach.
Hinter der Maschine stand der neue Mieter.
Es war ein Drache. Er blickte sich suchend um
und machte ein ganz verzweifeltes Gesicht.
Als er Lisa erblickte, schrie er ihr etwas zu, aber sie konnte
nichts verstehen, weil die Maschine so laut war.
Und sagen konnte sie auch nichts.
Dazu war sie viel zu erstaunt.

GROSS
MITTEL
KLEIN
SEHR KLEIN
RIESEN-GROSS
MEGA-GROSS
ALLES WINZIG
AUS
EIN
PAUSE

Jetzt fing die Maschine auch noch an zu qualmen.
Der Blick des Drachens wurde immer verzweifelter und Lisa war ein wenig ängstlich zumute.
Dann fühlte sie den Knopf in ihrer Hand – und plötzlich wusste sie, was der Drache suchte. Sie ging auf ihn zu und streckte ihre Hand aus.
Da strahlte der Drache. Blitzschnell schraubte er den Knopf an seine Maschine. Und dann . . . war Ruhe.
»Gott sei Dank!«, rief der Drache. »Wo hast du den Knopf nur gefunden?«
»Vor Ihrer Haustür«, sagte Lisa und tippte die Maschine an.
»Was ist das?«
»Das«, entgegnete der Drache geheimnisvoll, »ist meine ganz persönliche Erfindung. Beim Umzug muss sie wohl ein bisschen kaputtgegangen sein. Aber das Wichtigste war der Knopf. Den Rest haben wir gleich.«
Der Drache legte sich unter die Maschine. Er klapperte hier ein bisschen und ruckelte dort ein bisschen und dann kroch er wieder hervor.
»So«, sagte er. »Jetzt komm mal mit.«

Der Drache rollte die Maschine durch den langen Flur ins Treppenhaus und schob sie in den Aufzug. Lisa folgte ihm. Bis in den Keller fuhren sie. Von dort rollte der Drache die Maschine in den Innenhof.

Draußen war alles dunkel. Nur die Fenster der anderen Mieter waren erleuchtet und hinter den Gardinen konnte Lisa ihre Schatten sehen.
Der Drache legte Lisa seine Pranke auf die Schultern.
»Leg mal den grünen Hebel um«, flüsterte er ihr zu.
Lisa tat es.
Und dann geschah etwas ganz und gar Wunderbares.

GROSS
RIESEN-
GROSS
MEGA-
GROSS
ALLES
WINZIG
SEHR
KLEIN
KLEIN
MITTEL
AUS
EIN
PAUSE

Aus dem Rohr der Maschine kamen Seifenblasen.
Winzige, kleine, mittlere, große und riesengroße.
Still stiegen sie in die warme Nachtluft. Eine, zwei und immer mehr, bis die Veilchengasse 4 ein einziges Schillern und Schimmern war.
Die Nachbarn hatten ihre Wohnungen verlassen und waren in den Innenhof getreten.

Frau Meier-Schmidtmüller aus der ersten Etage,
Herr Prieskorn-Prignitz aus der zweiten Etage, das Ehepaar Tütendurst
aus der dritten und Herr Reifenseifenstein aus der vierten.
Alle schwiegen und staunten über diese wunderbare Ruhe.
Und neben Lisa stand der neue Mieter und lächelte.

Isabel Abedi

Das 99. Schaf

Drei traumhafte Abenteuer zum Vorlesen

Beim Schäfchenzählen lernt Emma das 99. Schaf kennen und wird seine Freundin. Sie füttert es mit Honigmilch und zieht ihm einen Stachel aus dem Fuß, beschützt es vor dem lieben, bösen Wolf und reist mit ihm durch die weite, weite Welt. Am Ende merkt Emma: Schäfchen zählen ist wirklich kein bisschen langweilig! Liebevoll und mit viel Witz erzählte Geschichten von der Freundschaft zwischen der abenteuerlustigen Emma und dem 99. Schaf.

96 Seiten.
Arena-Taschenbuch.
ISBN 978-3-401-02914-6
www.arena-verlag.de